Sabine Kreter wurde 1967 in Gelsenkirchen geboren und ist im Ruhrgebiet aufgewachsen. Die Musikwissenschaftlerin, Kulturjournalistin und Musikerin absolvierte nach ihrem Studium ein Zeitungsvolontariat und war viele Jahre freischaffend für diverse regionale und überregionale Tageszeitungen sowie verschiedene Radio- und Fernsehredaktionen im Bereich Kultur tätig. Neben journalistischen Artikeln verfasste sie auch Theaterstücke und immer wieder Gedichte.
Seit 2010 leitet sie eine eigene Musikschule und schreibt Rezensionen für eine Musik-Fachzeitschrift.

Sabine Kreter

Frühes Später

Gedichte und Gedanken

Impressum

© 2020 Sabine Kreter

Umschlag, Foto: Sabine Kreter

Verlag & Druck: tredition GmbH, Halenreie 40-44, 22359 Hamburg

ISBN

Paperback	978-3-7482-9642-3
Hardcover	978-3-7482-9643-0
e-Book	978-3-7482-9644-7

Bibliografische Information der Deutschen Nationalbibliothek:
Die Deutsche Nationalbibliothek verzeichnet diese Publikation in der Deutschen Nationalbibliografie; detaillierte bibliografische Daten sind im Internet über http://dnb.d-nb.de abrufbar.

Das Moos

weich

grün

beschützend

und

versteckend – vielleicht …

vielleicht auch nur bedeckend.

Es folgt dem Weg des Gewächses mit

Mut zur Lücke.

Es wohnt auf Ästen, in Wiesen und auf

Steinen,

je nachdem, was ihm lieber ist

in diesem Moment.

Ein Zeichen von Alter?

Ein Zeichen von Neuanfang,

denn da gibt es

Zwei, die sich verbinden,

ohne ihre eigene Existenz

zu verleugnen.

Das Moos

weich

grün

beschützend

und

berückend!

**Epitaph
für einen Gefühlsparadoxen**

Winterglut und Sommerkälte,

Regentropfen auf der Blüte,

erstarrter Quell und fließend Eis –

Schneegestöber, glühend heiß,

froh' Erwachen jetzt am Abend,

schmerzerfülltes Glück – wie labend!

Gefühlsbetrug, doch Wirklichkeit.

Mit qualenvoller Heiterkeit

seh' ich die Dinge jetzt wie Du,

nur ohne Dich – Du gingst zur Ruh'…

Dem irdisch' Leben warst Du fern,

und hattest diese Welt doch gern.

Traum-Raum / Raum-Traum

Gib dem Traum einen Raum
und tausche den Felsen, der Dich bin-
det,
gegen Lilien,
Geliebter!

So wird auch Dein Herz
zur Quelle,
die den Stein überwindet.

Wolkenlicht

Wolkennebel zieh vorüber!
Bist zerbrechlich schon vom Licht.
Vorhin warst Du noch viel trüber,
nahmst der Sonne ihre Sicht
auf die Erde, wolltest weinen.
Doch jetzt soll 'n die Strahlen
scheinen!

Kreisel

Die Drehung um Dich selbst ist Deine
Bewegung.
Die Einzige,
aber auch eine Einzigartige.

Denn:
Wer kann das schon –
mit diesem
Tempo
die eigene Achse zu umkreisen
ohne schwindelig zu werden
und
dabei doch so
in sich selbst zu ruhen?

Es ist Deine Bestimmung
die Farben fliegen zu lassen.

Und sie doch bei Dir zu behalten.

Alles, was Du dazu brauchst

ist – ein kleiner Schubs.

Strandkorb

Kleiner Ort
Wohlfühlort
Rückzugsort
auf Sand gebaut.

Bast – geflochten und verbunden.
Metall, ein bisschen nur zur Stütze,
Holz als stabilisierendes Korsett, das
nicht einschnürt.
Fröhlich-bunt
gefärbtes Streifenplastik
zur Erheiterung
im Wettstreit
mit der wonnegebenden Sonne.

Nicht viel Material
Doch ein kleines Universum
Mit allem, was man braucht.

Je nachdem…

Nach Wunsch
ein Willkommensort
für die Sonnenstrahlen.
Oder das Gegenteil –
ein Schattenplätzchen
zum Schutz davor.
Ein Ausblick
auf das Spiel der Wellen allemal.

Die Aussicht ist schön!
Immer!
Denn der Blick ist
unverbaut und unverbaubar.
Zuweilen bedecken höchstens
Teile anderer unzähliger
kleiner, ebenso gearteter Universen
die Sicht auf Wellen und Sand.

Eine Konstante,
die in Schattierungen wechseln kann
abhängig vom Wetter,
den Gezeiten
und
der Laune der Natur
mit allen ihren Mitgliedern –
den Menschen eingeschlossen

Danke, liebe Möwen,
dass wir dieses Stückchen Erde
als kleines Universum
in unserem Universum
mit Euch teilen dürfen!

Wahrheit

Du denkst
die Wahrheit irrt sich nie,
doch was ist mit der Güte?

Ist sie nicht ein Teil der Wahrheit?
Oder steht sie sogar darüber?

Vielleicht ist sie der Kern der Schönheit.

Ein Richter vermag das
nicht zu entscheiden.

Denn das ist eine Frage,
die den Sinn vollendet.

Herbst

Hauchzart küssen
die Septembersonnenstrahlen
die spielenden Wellen,
sie streifen die Flügel der Möwen,
die sich träge im milden Wind
vom Land her über das große Gewässer
treiben lassen,
und rufen noch einmal die Ahnung
an den vergangenen Sommer wach.

Er ist vorbei!

Doch noch gibt es einsame Zeugen
einer Zeit, die war:
wie die am Baume haftenden Blätter,
die sich nach und nach dunkel färben,
aber noch nicht gefallen sind,

wie das Kreischen der Möwen,
das an ihren Kampf
um die Brotkrumen
der sommerlichen Strandkorbgäste
erinnert –

Zwar wirkt alles jetzt weniger schrill –
so, als könne
das verschwommen-warme Licht
des frühen Herbstes
auch jene Laute zum Frieden dämpfen.

Doch:
Die Hitze ist raus!

Raus aus dem Treiben der Menschen,
die es so vehement
mit vollgestopften Taschen
zum Baden ans Wasser drängte.

Raus aus der blühenden Natur,
in der Bäume, Sträucher und Blüten
um die schönsten Farben
wetteiferten.

Gefilterter Glanz liegt nun
auf den ruhig dahingleitenden
Schwingen der Seevögel,
die genießerisch ihr Spiegelbild
im tischglatten Wasser bestaunen,
so, als sähen sie es
zum ersten Mal.

Bald werden sie sich
gegen rauere Winde behaupten müssen,
wird sich ihr Blick
auf andere Nahrung konzentrieren.

Nur die Steine –
gerundet vom unermüdlichen Schliff
des Ozeans –
sie wissen von dem Wechselspiel der
Jahreszeiten nichts.

Quellen-Traum

Die Quellen träumen
von einem großen Fluss
und bringen ihn über den Stein.

Das Wasser muss viel Raum hinter sich
lassen –
vorbei an Lilien und Felsen.

So auch Dein Herz, Geliebter.

Selbstvergessen

Liebe ist oft selbstvergessen,
Blick verhangen und vermessen,
nicht vom Ego, nur vom Du.
Herz, das findet keine Ruh' –
klopft so fest, nur für den Einen.
Will oft lachen, manchmal weinen.
Sucht den Fels statt weiches Fließen,
muss das zarte Pflänzchen gießen.

Doch nicht ständig überlasten!
Auch die Liebe muss mal rasten,
bevor sie allzu schnell erlischt —
und das Paar im Trüben fischt.
Und allzu schnell ist sie erschöpft,
die Süße wird aus ihr geschröpft.

Statt des Gefühls erscheint die Frage:
Ist alles richtig so? Ertrage
ich Tag für Tag des Andren Nähe,
ohn' dass ich mich verloren sähe?

Wenn dieser Punkt ist schon erreicht,
dann wird es Zeit, dass Enge weicht.

Erst recht die Blüte ew'ger Liebe
braucht Platz und Raum für ihre Triebe.
Entscheidend bleibt der eig'ne Stamm,
nur so kann halten jener Damm,
der schützend trägt das Liebespaar
für lange Zeit und immerdar.

Meer

ein Traum in einem Raum mit viel
Schaum.
ein Raum
für Freude.

ein Traum in einem Raum mit viel
Schaum.
Nasser ist das Wasser nie –
in der Fülle ohne Hülle ein Genuss
in diesem Raum mit viel
Schaum
ein Traum !

ein Traum in einem Raum mit viel
Schaum.
Wonne in der Sonne
Doch ohne sie geht es auch,
wenn Du eine Rose findest.

in diesem Raum mit viel

Schaum

ein Traum !

Das Quäntchen im Gras

Das Gras, es zeigt die Spuren kaum,
doch könnt es sie erzählen.
Sie sind verweht als wie im Traum,
wen könnte es erwählen –
die Wahrheit über all das, was
geschah zu hören, fragen,
nach dem Warum, dem Wie,
dem Was,
zu werten und zu tragen
auf mehr als nur auf einem Blatt,
das abgeheftet und sortiert
die Fakten festhält und mehr matt
als glänzend echt dokumentiert.

Das Protokoll ist nicht gefragt;
es liegt schon lang in den Archiven,
hat Menschenleben überragt,
sagt nichts zum Leid,
nichts zu Motiven.

Weiß nicht,

was hat den Mann getrieben,

der tötete, der voller Hass,

all' Menschlichkeit und Herz gemieden,

sich fallen ließ, nicht fragte, was

wird sein, wenn alles ist getan,

kann ich vor mir dann noch besteh'n?

Was tat ich all den Menschen an?

Hab' ich gehandelt aus Verseh'n?

Im Stillen weiß er, dass die Schuld

sich nicht verflüchtigt, ungeseh'n.

Es wird ihm helfen nur Geduld.

Die Zeit zwar macht

nichts ungescheh'n,

doch lässt sie Bilder sanft verblassen,

und die Konturen werden schwach.

Wen wird der arme Mann dann hassen?

Wie oft noch wird er liegen wach?

Und irgendwann, ist's fast vergessen
– nicht von dem braven Mann, der litt.
Seine Moral, die bleibt vermessen
für immer nach dem ersten Schritt,
den ihm befahl nackte Gewalt –
bewahrt von mächt'gen Köpfen,
die Fakten steuern, leer und kalt,
den Mensch' nach Kräften schröpfen.

Die werden dann darüber seh'n
hinweg, und neue Taten
in Angriff neh'm und wieder geh'n
den Weg tödlicher Raten.
Als hätten sie etwas voraus
dem Gras, das Spuren träumte,
hab'n sie vergessen jedes Haus
das ihren Weg einst säumte –
und alle Menschen, die dort wohnten
sind ihrem Herz' längst aus dem Sinn.
Sie geh'n den Weg,

den lang gewohnten,
und das mit hoch erhob'nem Kinn

Und wenn der Wind geht über's Gras
verweh'n die Spuren mehr und mehr –
ein Quäntchen bleibt, das unterm Maß
bestehen kann, dem Leid zu Ehr.

Wen wird es finden, der erträgt,
Verlust und Abgrund und die Qual,
der Tränen und Gefühl erwägt,
und zuhört mehr als nur ein Mal?
Der ahnt, es gab gar keinen Sinn,
nur Opfer, Hass, Gewalt und Macht,
und dem am Ende kein Gewinn
beschieden ist, nur schwarze Nacht.

Zwei Äpfel

Rund und grün und rot
und rund und grün und rot

Zu zweit verdoppelt sich die Süße!
Sie ist noch versteckt, genau wie der
Saft –
beide schlummern hinter harter Schale.

Willst Du Süße oder Saft oder gar zum
weichen Kern?
Dann musst Du sie durchdringen!
Das kann leicht sein oder schwer.

Aber bis dahin bleiben wir perfekt und
zusammen
Und rund und grün und rot.

Eigentlich

Eigentlich
war er schon da –
der Herbst,
mit seinem dunkelgoldenen Glanz,
der noch ein wenig von Sommerhelle
gespickt war,
mit seinen reinigenden Winden –
behutsam zunächst,
aber spürbar für jedes einzelne Härchen
auf der Haut –,
mit seinen überraschenden
Regenschauern –
eine Wohltat nach soviel vorhergesagter
und eingetroffener Nur-Sonne –,
mit seinen entschärften
Lufttemperaturen,
die Strickjacken und leichte Schals
willkommen hießen,

mit grauen pausbäckigen Wolken,

die sichtbar machten,

wie unendlich farbenreich

der Himmel auch ohne

das viel gepriesene Blau sein kann.

Und dann ging er noch einmal in die

Sommerpause

und ließ zu, dass wir uns erinnerten,

an die Wärme im Juli,

an die trockene Erde,

an den Durst in der Mittagshitze.

Und ließ uns dankbar werden

für jeden Grad Kühle,

für jeden Regentropfen,

für jeden Windhauch,

der kommen wird,
in den nächsten Monaten.

Und ließ uns wissen,
dass alles wiederkehren
kann und wird –
alles zu seiner Zeit!

Der Wind

Der Wind,
sagt manch einer,
sei ein Übeltäter.
Er hat keinen guten Ruf,
denn
er weht,
wirft um,
baut Hindernisse,
wo sonst
keine wären,
bremst aus, zuweilen.

All das ist wahr!
Aber –
bringt er nicht auch wohltuende
Erquickung mit sich,
macht den Kopf frei?
Ist er nicht ein Stimmungszauberer,

ein Prophet von Ahnungen,
die von Sehnsüchten genährt sind?

Sehnsüchte,
Ahnungen von Vergänglichkeit,
aber auch
Ahnungen von Neuanfängen.
Verheißungen, die süß sind
und doch ein wenig bitter,
da sie eben Ahnungen sind
und noch
kein wahr gewordenes Ist.

Ein leichter Frühlingshauch zuweilen,
der noch vom Winter ummantelt ist
und nur einen knopflochgroßen Blick
gestattet
auf kommendes Blühendes.

Der Wind,

sagt manch einer,

sei ein Übeltäter.

Aber er ist auch ein Botschafter

der Hoffnung.

Er kann totes Material bewegen

und beflügelt

ein abgeworfenes welkes Blatt ebenso

wie ein Segelschiff.

Der Wind,

sagt manch einer,

ist ein Wohltäter...

Höhenrausch

Flügel musst Du selbst Dir schaffen,
Dich in hohe Lüfte raffen.
Das, was trägt, ist kein Metall,
doch es stützt bis hoch ins All!

Es ist nicht fassbar, nicht zu greifen,
kann nur langsam in Dir reifen.
Es ist nicht sichtbar, nicht zu hören,
kann Zweifel, Unmut, Angst zerstören.

Nur wer schwebt, kann richtig sehen,
ohne Bodenlast verstehen,
was jetzt verengt ist und so schwer,
hat dann keine Grenzen mehr.

Um den Blick zu klären, weiten,
sieh' des Lebens viele Seiten,
spüre nach des Windes Rausch,
fühle, sehe, schau' und lausch',
was Dir aus der Distanz berichtet,
ist ganz und gar nicht angedichtet.

Doch wie kann man das erreichen,
stellt das Leben doch die Weichen,
und die führ'n meist nicht nach oben,
mehr zur Seite, sind verwoben...,
wirst Du sagen und verweilen.
Besser wär's, Du würdest eilen!

Denn wer will, kann sich erheben,
nach Freiheit, Glanz und Stärke
streben!
Auch wenn es dazu braucht an Kraft
am End' es nur Gewinner schafft.

Gleichwohl ist dazu etwas wichtig,

sonst wird das Ziel schnell

null

und

nichtig:

Vertrauen zu Dir zu bewahren,

willst Du das ganze Glück erfahren.

Nur in Dir selbst, da liegt der Kern!

Hör auf Dein Herz, es rät Dir gern,

es spielt die wahre Melodie:

Singe sie nach, vergiss sie nie!

Der Himmel und das Meer

Der Himmel und die Sonne und das
Meer werden eins,
wenn ich im Wasser liege.
Als würde ich auf einer Wolke
schweben.

Was ist schon der Himmel auf Erden,
wenn
man das Meer haben kann.

Viel größer ist der Genuss,
wenn
die Wellen mir ein Kleid geben.

Was möchte ich jauchzen und genießen!

Und tue es auch!

Und plötzlich pflücke ich eine Rose

wie aus dem Nichts!

Stachel-Süße

Manchmal fühle ich ein Sehnen
Soll ich es als wirklich wähnen?

Oder muss ich es verbannen,
doch – es soll nicht geh'n von dannen!
Wollt', ich könnt' es mir bewahren,
statt vernünftig zu verfahren!

Süßer Schmerz! Werd' Dich nicht los!
Begrünst die Seele mir wie Moos,
bleibst trotzdem mir
ein Stich mit Wehe,
selbst wenn ich Deinen Honig sehe!

Es zwickt der Stachel, manch' Verzagen
er mit sich bringt und Unbehagen!
– doch auch die Ahnung,
dass was sei,

was weder war noch ist vorbei!
Und deshalb halt' ich daran fest.
Ich weiß, dass es mich nicht verlässt,
denn größer als des Stachels Schmerz
ist die Gewissheit, tief im Herz,
dass etwas über allen Dingen,
sich offenbart, vermag zu schwingen!

Wieder fühl' ich dieses Sehnen,
ich weiß, ich soll's
als
wirklich
wähnen.

Vorstellung

Als wir jung waren –
Konnte ich mir nicht vorstellen,
wie wir sein würden,
wenn wir älter wären.

Als wir verliebt waren –
Konnte ich mir nicht vorstellen,
wie wir sein würden,
wenn wir nicht mehr verliebt wären.

Als wir stark waren –
Konnte ich mir nicht vorstellen,
wie wir sein würden,
wenn wir schwach wären.

Aber jetzt,
wo wir älter sind,
kann ich mir gut vorstellen,

wie wir waren,

als wir jung waren.

Aber jetzt,

wo wir schwächer sind,

kann ich mir gut vorstellen,

wie stark wir waren,

als wir jünger waren.

Aber jetzt,

wo wir immer noch verliebt sind,

brauche ich mir

nichts Weiteres mehr vorzustellen.

„Weisheit“

Verwerfen lohnt sich!

Haiku

Versteckte Blöße
Stein statt Stoff als Kleid verhüllt
Bewahrt das Gesicht

Was ich Dir wünsche

Sei
von Deinen Träumen
BESEELT,

von Deinen Ideen
GELEITET,

aber von der Wirklichkeit
BEZAUBERT!

Gebündelte Welt

oder

An einen Regentropfen

Du kleiner Abkömmling
der erdbeherrschenden Ozeane,
weißt Du eigentlich,
dass Du das ganze Leben in Dir trägst?

Du hast die Möglichkeit
zu allen Formen:
Beobachte Dich nur,
wie Du Dich
auf einen Grashalm niedersetzt
und Dich ausbreitest,
wie Du im Winter
zum Kristall erstarrst,
wie Du Dich
mit Deinen Artgenossen

zu einem fließenden Strahl vereinst,

wie Du stecknadelgleich

auf das Straßenpflaster donnerst,

oder wie Du

weich auf der Haut abfederst!

Du hast die Möglichkeit

zu allen Wegen:

Denke nur,

wie Du – von der Sonne angezogen –

mit der Wolke gen Himmel steigst,

wie Du – als Schneeflocke getarnt –

zurück auf die Erde fällst,

wie Du Deine Bahn

auf der Fensterscheibe nimmst

oder wie Du einsam auf der Parkbank

lauerst.

Also,

weißt Du eigentlich,

dass Du das ganze Leben

in Dir trägst?

Und weißt Du eigentlich,

dass die Menschen das vergessen,

wenn sie nass werden durch Dich?

Struktur

Struktur – von alters her
der Ursprung
Geheimnis
Wer war der Baumeister?
Zufall oder Wille oder Kraft?
Gibt es einen Anfang oder ein Ende?

Wasserströmung
Windsausen
Geduld und Langmut
Vertrauen auf Werden
Der Lohn wird sichtbar mit
der Zeit
in Schönheit und Ebenmaß

Vollendung
Als Ziel im unendlichen Werden

Ahnbar – wunderbar

Und wunderbar beruhigend !

Wohin?

Ein fester Ausgangspunkt
gibt die Wurzel für Höhenflüge
am schillernden Faden.
Der Weg ist beschienen
von Sonne und Licht.

Die Stürme verweisen
mal in die eine
mal in die andere
Richtung.

Aus wahllosem Suchen
und losen Gefügen
wird ein
Rund
mit Ecken
und Kanten.

Rundwege
Einbahnstraßen
und Sackgassen mit Wendehammer.
So will es der Lauf der Zeit!

Und erreichst Du auch nicht
den höchsten Punkt,
so wage doch
den Luftsprung
ohne Netz und doppelten Boden
in einen

neuen Kosmos
!

Frühes Später

Jetzt war später.
Plötzlich.

Viel früher, als das Später früher
gedacht
war.

Wie, um Himmels Willen,
konnte es so früh
später werden?